讓生活只留下
最喜歡的

六月
(蔡君茹)

六 月 的 減 法 生 活 ， 加 分 人 生

Part

03

掌握自己的
人生

40 歲才開始真正生活，從貧窮到富有！

有沒有想過？ 40 歲的你會過著什麼樣的生活？

我在國中的時候覺得未來的我只要有一部小車，存款有 30 萬那就擁有全世界了！

但隨著進入社會工作，接觸的人事物多了，野心就是越來越大！我開始不滿足，覺得有車之外還要有房，並且要在 45 歲的時候退休！為了這目標，我負債累累，而且被各種債務壓得喘不過氣，後來痛定思痛決定好好面對我的財務狀況。

現在我 44 歲，是的！我有房有車有儲蓄了，但我的心境又跟以前大大不同了，因為現在我追求的是心理層面更大的自由。

我想追求更高品質、真正我想過的生活，於是我開始實行斷捨離跟減法生活，現在的我不再讓物欲框架住，更覺得心靈獲得自由，並且能夠完全了解到「少即是多」的意義！或許你會覺得只是收納然後丟丟東西沒什麼大不了，但其實慢慢你在這些過程中會發現心靈越來越滿足，這才是真正的富足！

真心想跟你們分享我的減法生活、我的生活態度。希望能讓已經 40 歲的我們或是即將邁入下一個階段的你，都能過好品質的生活、做我們心之所向的事情。

Part

OI

東西越少

金錢越多

因為不將就，開啟屬於我的減法生活

過去我看到很多長輩都為了生活而屈就，但我真的不想要一個將就的人生，所以我很早就開始努力規劃我的人生。當然，很多事情並不可能立竿見影，還好有當時的一路堅持，現在才能過上自己想要的生活。

我之前在商業周刊上看過一段文字：**我們要有財務上的自由，才有選擇上的自由，甚至才有人格上的自由**，這段話對身為藝人的我更加有感，因為藝人一直以來都是被選擇的，所以當你存款不夠但為了求溫飽、你可能不得不接些讓你無法產生熱情的工作；再加上藝人是有時效性，除了不停的充實自己，讓自己一直在狀態上。

我在 21 歲的時候就買了第一台車，但當時我並沒有一份穩定的收入更遑論存款了，而且我陷入了過度消費但自己卻渾然不覺～那時每個月要繳房租、車貸、卡費，再加上我那時很愛請客，一次幾千塊都是不可少的，隨著花費越來越多，我終於把自己逼到從房租遲繳到遲交卡費變成卡債！

後來，是一個副導改變了我的人生，那時候的我在拍戲，每天就只有一百塊的生活費，但副導每一天都買一杯星巴克最大杯的咖啡，遠遠超過我一天的生活費。我覺得不可置信的是我收入比他高，但我卻買不起一天一杯咖啡，這些都是因為我之前太不把錢當錢、欲望太多，卻沒有發現這些花消都不是自己需要的。這些都是我不珍惜自己辛苦工作換來的成果。

現在有多少錢過多少生活，量入為出，但要怎樣花錢才是恰當的？這一切又得回到你必須認識自己、了解自己的需求。並且**丟棄不必要的欲望**！我到現在每天都在玩一個遊戲，我每天都在想如果我一天只能花五百塊，我該如何運用讓它可以產生最大的價值。

某次跟李先生去日本旅遊時，真的開了我的眼界，之前從來沒有以媽媽的身分造訪著東京，每次去都只是觀察有什麼最新流行資訊。那次去由於自己也有了小孩，所以特別觀察了街上帶小孩的媽媽們，才發現日本的媽媽們不只帶小孩很優雅，甚至都還帶著全妝，婚前我總是期許自己 35 歲後，就要當個優雅的女人，就像我的偶像日本名模「梨花」一樣，可以過著優雅

又清爽的人生，那次才發現原來很多日本媽媽都可以做到這件事（心裡想：這怎麼可能～怎麼我每天都蓬頭垢面啊！）我開始坐在路邊觀察日本媽媽們，並把逛彩妝衣服的時間全部換成逛書局，那時參考了很多做家事以及如何收納的書籍，結果～讓我挖到一件寶！那就是《斷、捨、離》這本書是把我推向減法生活的第一步！

之後又看到一部紀錄片叫《極簡生活》以及後來變成我生活上最重要的心靈書籍《我決定簡單的生活》。

我才發現自己是一個有選擇性障礙的人，當你給我的選擇越少，我的事情就會處理得越好。我覺得在生活當中更是如此。例如：我很喜歡住飯店，直到後來我才了解為什麼我喜歡住飯店？因為飯店的物品很精簡，所以空間很寬敞，明明多數客房的坪數可能只有我們一般住家的 1/3，但住起來卻從來不會讓人感受到壓迫，反而很舒服，原因就是**東西很少**！所以我開始學會了如何處理掉過多的物品。

不想將就人生的話，第一步從你住的房子開始，我真心覺得房子不需要大，夠用比較實在！不論是租房還是買房，我覺得生活最適當的坪數大概 15 坪（這時你可能會說：這太小了吧？）再繼續以去住飯店為例子，如果飯店房間有 15 坪，就覺得超大！那為什麼我們變成住家就會覺得小呢？因為，我們實在囤積太多的物品，很多的空間在無形之中閒置浪費了，那這樣不管多大的空間都是不夠用的，**空間越大就開始塞進越多東西，而越多東西就需要越大空間！房子的機能勝過於大小。**更不要只是為了大坪數、大空間，背負太多負債！選擇小房子居住，這樣一來、房貸壓力小、是不是同時也擁有經濟上的自由了？

而其實只要做一件事就是減低自己不必要的欲望、丟棄掉生活不需要的物品、只留必須品，那麼 15 坪絕對綽綽有餘！

用紙箱告別囤物症

下定好決心後，接下來就開始體驗丟掉東西的暢快感吧！一開始最容易遇到的障礙，就是常常會產生：「這個東西將來是不是還可能用到？」的念頭。而我們首先要打敗的就是這樣的想法，請相信你一直都沒用到的東西，未來也真的不會用到，所以別再節外生枝、別留戀！就丟棄吧！再來，準備幾個一模一樣大的紙箱，然後在各個箱子上可以做記號：會用、不會用到、待確定等，或是你需要整理的品項：衣服、工具、鞋子等等，接著就開始分類吧！

1. 從小開始，小物不囤積

之前有個紐約環保女孩的新聞引起許多人的關注，她在 4 年期間，只有一罐 500ML 梅森罐容量的垃圾，她很白豪的向世人說：「我在過去的 4 年中幾乎沒有製造過一點垃圾」。

進一步觀察她的生活模式，發現即便她的東西很少，但生活品質依然非常好，家中**只留下最實用的物品**，享受簡單帶來的舒適，不製造多餘的垃圾，看完這個報導讓我更確信簡單生活能帶來的美好。

平時我們能從小地方開始著手的部分就例如：隨身攜帶帆布包、水瓶、免洗筷、吸管等，只要自己習慣攜帶環保用具，一來可以避免餐廳浪費，為環保盡一份心力，也可以避免將這些多餘的小物帶回家。也要時時刻刻淘汰舊物，像是便條紙、收據、舊報紙、舊襪子等等，這些小東西一定要保持隨時看到就順手整理的習慣，讓家裡保持清爽。

2. 自訂「有效期限」，過期品請裝箱

每隔一段時間，我都會檢視自己的所有物品，然後可以將每一樣東西設定一個「有效期限」，像是我覺得衣服如果一年都沒穿過，那是不是代表其實你平常根本不會穿到？依照每個東西的實用性、功能、自己的生活習慣等等，訂出一個有效期限，發現都沒在使用的，就可以先裝箱。

整理前

以紙箱作為單位分類整理

大功告成！

3. 物品數量超過就丟

我很享受掌握自己所有物品的成就感,我會知道我的衣服、小孩的衣服有幾件?放在哪裡?當所有的一切都能在我的掌控之內、物品數量可以被清楚量化,更能讓我感到踏實安心,因為生活節奏會變得穩定,即便是忙碌的媽媽也能過得從容優雅。

我會嚴格控制每樣物品的數量,舉凡小孩的衣物、餐具、甚至是家中衛生紙、牙膏等等,不讓自己不必要的囤貨,需要時再買。而在衣櫃、收納櫃等等,我也會制定出一個空間量,盡量只擺放定量的物件,只要超過可收納的數量就要馬上決定哪些東西必須被汰換掉,強制自己淘汰舊的、無用的物品,才能落實簡單生活。

4. 強迫自己有進有出

如果一開始不知道該如何幫空間設定數量,那麼最簡單的方式就是強迫自己建立「有進有出」的原則,例如家中的床套我就會維持每一床兩套,一套是備用著,如果要買新的,就必須

捨棄髒舊的床套。將這個購物原則建立起來，除了可避免物品無止盡的囤積，同時可以讓自己在購物時能更冷靜判斷真實需求，免除不必要的浪費。

5. 沒用完、沒用過都要丟

有一次我要將李先生的一個精品名片夾送給了別人，因為我覺得他根本不會用。當下李先生表示：「我會用！我一定會用到。」但過了一年後，那個精品名片夾還是躺在家裡的某一角，並沒有被拿起來使用。

我知道很多人之所以無法斷開物品，都是因為有過類似這樣的想法，認為「先留著，反正總有一天我會用！」如果你也被這樣的想法困住，請轉念為：「買來卻用不到，還得悉心照顧它，那真是自找麻煩。」或「反正我至少用過一次了，丟掉也無所謂啊！」轉個念，戰勝心中那個無法斷捨離的魔咒吧！

6. 紀念品、裝飾性的擺飾，根本不需要存在

買東西誰都會，最難的反而是「捨棄」。很多囤積控最常出現的問題就是生日以及節慶收到的各種禮物、或是旅行紀念品、甚至是比賽獎品等，不小心就讓自己多出很多新的物件。

我相信每個物品，都有屬於它們的故事，但是「家」並不是博物館，而是休息放鬆的空間，我們一進家門通常只想要好好休

息，不會隨時隨地想要翻出某年、某月、某日獲得的紀念品來翻一翻、看一看。很多回憶最美的是當下，當下的感受才是最重要，這些美好放在心裡的某個位置才是最踏實有意義的存在。如果需要透過某些物品才能喚起當時的回憶，代表著那既不重要也不夠深刻。我們不需要把滿滿的回憶變成實體帶回家，然後再把這些充滿「回憶」的物品滿滿地塞住了我們現實生活空間，變成了日後的負擔，產生更多「取捨」的為難。

就像我和李先生結婚時，是有拍婚紗照的，但是結完婚我就把這些照片送給需要的粉絲，所以家中並沒有放任何一張婚紗照。也許很多人會訝異我的減法生活為什麼可以徹底到連婚紗照都捨棄？但是，對我來說，我和李先生都不可能忘記當時的那份甜蜜美好，我覺得那才是最珍貴的，並不需要留下婚紗照、手環來證明走過的痕跡。雖然我很愛我的兩個小孩，但家裡也沒有所謂的成長照片、胎毛筆、擠帶章這類的東西，因為這些東西我知道自己完全不會去使用它，所以留存在家中就會變成多餘的物品，不如一開始就不特別製作。

而旅行的紀念品或是飯店提供的備品，往往是生活中真的用不到的商品，帶回家通常只是擺著生灰塵或塞進家裡的某個角落被我們給遺忘，長期累積下來，居家空間再大都不可能夠用！

明明「家」才應該是最讓人獲得平靜安心的地方，不應該是另一個壓力場域才是，不是嗎？讓空間留白，才能好好享受，所以我們更應該把心力放在簡化，而不是堆積。

最後，默默會發現紙箱已經在整理的過程中，分門別類的清楚讓你知道，哪一箱是根本不會用到、哪一箱是該丟棄的，這時候請以箱為單位，想想身邊誰需要它？如果狀況好的可以捐贈到各種公益機構或是有需要的人，或是二手社團等等，甚至會意外發現許多過期的東西也可以直接清理掉，還給自己該有的空間！剩下需要保留的東西，可以一箱一箱的疊好，大小統一的紙箱不僅好堆放，更一目瞭然。

333 告別爆炸衣櫥

｜解決衣櫥流湯亂像｜

相信主婦們最害怕的一個地方就是「衣櫥」，自己的衣物可能已經夠多了，再加上結婚後先生的、小孩的等等，想要避免衣櫥整天流湯，拿衣服就像打仗一樣的話，一定要學會怎麼整理衣櫥，先開始幫自己衣櫥健檢一下：

1. 不喜歡的東西，一件都不必留

這邊指的不喜歡的東西是指：沒有 100% 喜歡的東西。你最重要的一件事就是要懂得判斷什麼是自己最喜歡的？有一點猶豫就是不喜歡，再次強調，不要覺得擺著一定會穿到、用到！

2. 超過 1 年沒有穿過的衣物，直接丟掉吧！

• **已經不合身的衣服**

　想等到瘦下來後再穿、或是已經瘦下來無法穿的。

- 沒穿過或很少穿的衣服

  不管價值如何，不會穿到就是不會穿到。

- 偏流行性的衣服

  有些衣物有流行季節性，千萬不要一直等流行回來。

- 保養麻煩的衣服

- 留作紀念的衣服

  回憶永遠是當下最美好。

人們實際上真正會用到的東西往往僅有現有物品的二成，其他八成基本上都沒有作用，甚至有沒有都沒差，尤其是衣服。當選擇變多，其實只是耗費更多挑選整理的時間、體力，反而增加更沉重壓力，不僅採買的當下大傷荷包，對將來更是一點好處都沒有！

運用紙箱將小孩房做整理。

使用收納盒將兒童衣物分類。

東西越多　金錢越少

請記住！丟棄並不是浪費，在丟棄的時候，別再想著總有一天可以穿到它們！一件衣服只要 1 年都沒有被你拿出來穿，表示你根本不需要它，你需要做的是學習如何培養購物的原則，透過挑選經典百搭的服飾，來減少不必要的囤積。

我自己對於衣物的捨棄最為嚴格，雖然我是藝人，常常有造型需求，但私下我並不會瞎買衣服，一切秉持「有進有出」的原則，再貴的衣服、包包都一樣！

3. 小孩的衣服只要 48 件

衣櫥對女生來說，是很難斷捨離的項目，我是一個媽媽，我知道父母親對於孩子的可愛衣物也非常容易產生非理性的添購。其實不管是大人或小孩，明明一季能穿的衣服就那麼幾件，衣櫥卻總是塞得滿滿的。

我有兩個小孩，但打開孩子的衣櫃，只有 48 件衣服。這些衣服幾乎都是「恩典牌」，因為孩子長大的速度很快，衣服很快

就不適穿，所以我不會在孩子的衣服上做太多消費，可以接收親朋好友小孩狀況好的衣服，然後再盡可能的善待衣服，或許還有機會能夠再交給下一棒，省錢又環保！

這 48 件衣服是完全足夠他們一整季的穿搭的！

小朋友的睡衣，一共有 4 套，一週有 7 天，所以我可以很清楚的知道第三天一定要洗衣服。長褲 4 ～ 5 件、短褲 3 ～ 5 件，妹妹的裙子只有 2 件。有趣的是連我家小朋友現在都知道自己的衣服放在哪裡？哪件衣服是在家裡穿，哪件衣服是在學校穿的？只要哪天少了哪件衣服，我們一目瞭然。

為了讓我更能一眼看到所有的衣物，節省找尋的時間，我通常都會用收納盒把衣服分類地清清楚楚，完全可以掌握數量之外，也可以讓衣物擺進固定的位置，一次就拿到正確的衣服，可以避免為了找衣服把衣櫥搞亂（那會花費更多時間、體力，媽媽的時間是很珍貴的！千萬不可以花太長時間在找孩子衣物或是為了搭配抉擇傷腦筋。）

這 48 件衣服都是屬於經典百搭單品，怎麼配都不會出錯，可以不用花時間就能搭配好。 也因為只有 48 件衣服，所以我相

當珍惜它們，每件衣服我都會好好洗滌、熨燙，以增加衣物的使用壽命。很多人都覺得新生兒的衣服很難整理，我其實很享受整燙衣服的時光，看到整齊劃一的感覺，非常療癒。在這也分享我自己新生兒的衣服摺法給大家喔，簡單好學！

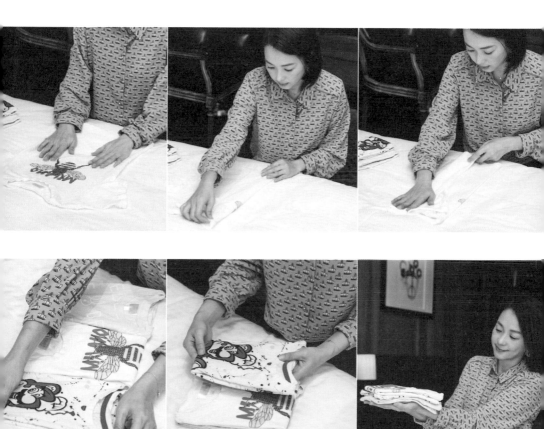

| 我的 333 法則 |

掌握了上面 3 個原則後，你是不是會發現衣櫥瞬間多出了不少空間？但這時可能又會好奇，我是怎樣量化自己以及小孩的衣物數量呢？ 333 精簡穿搭法則就是一個很實用的方式！

其實在歐美地區就已經很多人嘗試 333 精簡穿搭法則，目的是解決爆炸的衣櫃然後學會自己真正要什麼衣服，以三個月為單位，只允許自己使用 33 件單品完成每天的穿搭。

而我自己的 333 精簡穿搭法則是：幫自己設定一段時間，可以是 3 個月或是 1 年為基礎，然後只留下 33 件實穿的單品，如果一定需要添購衣服時，堅守有進有出原則，務必讓自己控制在 33 件的扣打之內，每一次穿搭或是判斷衣物去留只允許花 3 秒，超過 3 秒就視同不要。（當然每個人可以根據自己的習性或是需求增減條件）像我已經養成了習慣，甚至兩年左右都可以幾乎不買新衣服，也很少會超標 33 件。這時候會發現，透過限制自己無止盡的購物欲望，減去不少過度的開銷，也讓衣櫥維持在一個很健康的狀態，有什麼衣服、單品都會真正穿到，不會再擺著不穿或是根本忘記自己買過了什麼！

星期一   星期二   星期三   星期四

使用 33 件單品挑戰一週穿搭,同一款洋裝,只要配上不同配件、穿搭方式,就能穿出不一樣的風格,什麼場合都 ok !

星期五　　　　　　　　　星期六　　　　　　　　　星期日

東西越多　金錢越少

用冰箱來賺錢？

我時時提醒自己以及李先生不要失心瘋瞎買過量的食物和物品，因為到最後往往也會變成浪費，因此掌握家人的生活習慣和需求就非常的重要，這將更便於控管採買的時間及數量。

除了日常用品有固定的補貨時間之外，連每週要吃的水果量及採買的時間我也有所規劃：我採取一週補一次，每次約花 300 元。我習慣固定在同一家品質好、價格公道的水果店採買，這家水果店通常會依照價格幫我搭配當季的各式水果，而 300 元差不多就剛好足夠我們一家四口一週的水果攝取量，我們不僅能吃到新鮮的水果，也不太會發生浪費食物的問題。

冰箱就是一個主婦最好「賺錢」的地方：

1. 每天盤點

一定要注意好冰箱各種食物的庫存量，避免過度採買，通常食材部分我會 2 ～ 3 天採購一次、水果是一週一次，但可以依照

每天確認好冰箱剩餘的食材，少量多次的購買避免浪費！

小 ml 數的購買調味品及飲料，部分食材可以用透明保鮮盒分類保存。

東西越多　金錢越少

個人或是家庭習慣調整，維持少量多次的採買方式。而這最大訣竅就是：出門前習慣先開冰箱看看有什麼！就算多買一顆洋蔥，也是多買喔！

2. 先進先出原則

保持好「先進先出」，先購買的食材就先處理掉，一來可以吃到最新鮮的品質，再來就是不會放著放著就忘記了，這又是一種浪費！不只是食材，連前一晚吃剩的餐點，通常我們都會是隔一餐就繼續吃完，先吃剩的，再去煮新的餐點！

3. 小 ML 數採購，控制賞味期限！

即便是少量多次的採買方式，也是要留意好保存期限，避免過期。再來就是不常用的調味料、飲料等等，可以選擇小 ML 數的，千萬不要想說大容量划算就埋頭選購大瓶的，一定要清楚知道會不會用到、可以用多少，不然用不完就是浪費，多花了錢還占空間，得不償失！

透過冰箱食材整理，可以少花很多冤枉錢，原本是固定開銷，只要透過每天一些小習慣，省下不要的花費，日積月累下來可是非常可觀！

東西越多 金錢越少

廚房收納大全

相信很多家庭「煮」婦一天之中在廚房就占了大部分的時間（當然我們家是李先生比較常煮，收納是我～哈哈）有時候看到別人下廚手忙腳亂，一直在找適合的鍋具或是像被炸藥炸過一樣亂七八糟，有強迫症的我真的是很難受！尤其是如果像我們家一樣，是另一半下廚的話，要怎樣收納整理讓對方輕鬆找到，就是一門大學問了！

東西越多 金錢越少

1. 大小一致

不論是碗盤、各種器皿甚至餐具，我儘可能都是同一種類別都會選擇同樣的尺寸，這樣可以堆疊而不浪費空間。在視覺上也不會有大大小小的問題，會整齊許多。

的確有時候會需要像是量杯、濾網、濾籃等等，那要怎麼控制大小？我自己是買已經規劃好能堆疊收納的調理盆，買一個盆了就包含多種餐廚用具。

各種餐具、器皿盡量選擇同樣尺寸，可堆疊疊起來節省空間！

也可以選擇已經規劃好能堆疊收納的調理盆，兼具實用性外又能有效利用空間！

東西越多 金錢越少

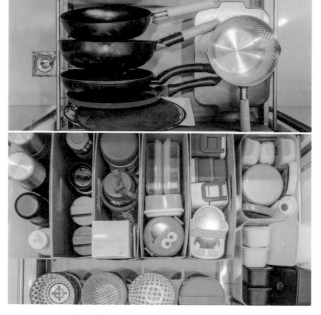

使用檔案夾整理及歸類鍋具、保鮮盒等。

透過玻璃瓶分裝調味品,避免產品不同包裝不好擺放而浪費空間。

東西越多　金錢越少

2. 固定位置與分類

收納東西都要固定位置，一樣可以運用收納盒做分類以及控制數量。鍋具的話，我會用檔案架做整理，這樣要找哪一種鍋具都可以非常清楚快速，如果鍋具疊放的話，要找實在太不方便，非常耗時費力！而至於各種不同包裝的調味料、麵粉、鹽等等，我會使用統一大小的玻璃瓶分裝，在上面用標籤標註好品項與有效日期，擺放時可以不受限於原本各種形狀的包裝，避免空間浪費！將大小一致的瓶子一起擺放時，視覺上不僅整齊有系統，還能免除原本各種形狀的包裝袋造成的空間浪費！

3. 善用多功能家電產品

在寸土寸金的有限空間內，可以選擇多功能的家電產品比較不會占位，例如：具備烘碗功能的洗碗機，洗烘一次完成，不用額外多準備瀝乾的空間，搞得做事情的位置都沒了！而且現在的科技，其實洗碗機比手洗乾淨不少（有的還帶有殺菌功能！）又省水，最大好處應該是洗碗再也不用傷媽媽們的手了，哈！

或是有一個產品也非常值得推薦給媽媽們入手，就是多功能料理機！結合切碎、研磨、榨汁機等等有十幾種用途，如果每一種功能都買一台機器，不只是要花很多錢，而且廚房會變得東一台西一台。這時候選擇多功能合一的料理機是不是就很經濟實惠？尤其是媽媽們時間真的很少，省時之外，也不用為了絞肉、打蛋弄得滿頭大汗，進廚房也能很優雅！

東西越多　金錢越少

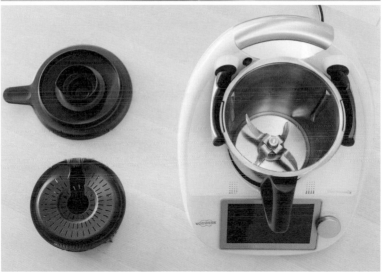

選擇一台好的多功能調理機，一機多用可以節省許多空間以及料理上會更加方便、快速！

4. 收納直立砧板節省空間

為了食材新鮮與健康，生食熟食等使用不同的砧板可以避開交
叉感染，但準備那麼多片砧板已經很麻煩，收納又是一個問
題！這時候你可以像我一樣選擇這種已經具備收納設計的直立
式砧板，每一個砧板上面不僅已經標示好各自需求不會用錯，
實用又能節省空間！

5. 小孩子的玩具不只是玩具

在小朋友成長過程中，難免會購入或是收到親友贈送的禮物，像是我就有一座小孩版的迷你廚房。這個廚房不只是玩家家酒而已，也是可以活用的！像我把小朋友的餐具整理在這個廚房中，一來可以讓小孩從生活中學習整理，也可以培養自發性，瞬間變成蒙特梭利的最佳教材。

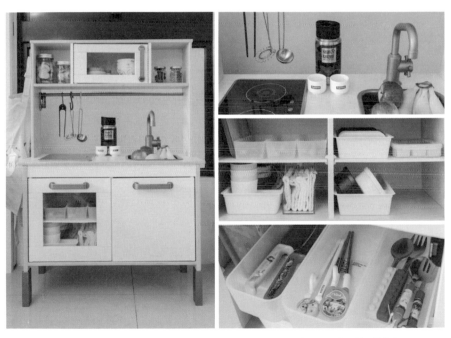

活用小孩子的迷你廚房玩具，讓玩具不只是玩具，同時訓練小孩自主以及學習整理的能力！

東西越多 金錢越少

一卡登機箱省時省錢

不知道大家是否有跟我類似的經驗？過去只要出國旅行，往往會很有負擔地想著要幫誰誰誰買什麼限定商品？或伴手禮？光是禮品隨隨便便就占據了我行李箱好大一部分空間不說，主要是旅行的過程中我老是要分心去思考，或額外為了這些採購而多花時間停留，導致無法完整享受原本該有的放鬆，心情常常會因此受到影響。

現在不管去哪個國家、玩多少天？基本上我只會攜帶一個登機箱，一個登機箱就足夠塞滿旅程所需！我需要做的只是更聰明的思考「什麼是這趟旅行中，我們真正需要自己帶過去的？」經過幾次經驗下來，我已經可以把一家人旅行中該準備的衣物具體量化。你只需在旅行前花一點點時間先整理、排列好要帶的東西，就能讓整趟旅行更清楚、安心，真正做到好好放鬆、單純的享受旅程！

我會很有邏輯的想好每件衣服的搭配，掌握每一次行李需求。因為我不想要下了飛機等托運行李的過程，覺得實在太麻煩且花時間，所以一卡登機箱是我最好的做法和選擇。

去年我們去了一趟新加坡加上馬爾地夫錄外景，一共去了 10 天要錄製 4 集節目需要至少 6 套衣服，在 10 天之中還有規定的 Dress Code，所以攜帶的東西必須非常齊全。但我整理完後一樣只帶了一卡登機箱就出門，裡面放了我 10 天 9 夜要錄影的衣服（1 件短褲、1 件長褲、1 件長裙、2 件連身服、4 件 T 恤及內衣褲）還包含 3 雙鞋子、整髮的道具、化妝品、髮飾……所有該帶的東西我並沒有少帶任何一樣，最後我這個登機箱依然留有空位，這讓整個劇組的人覺得太不可思議了！

就算需要帶小朋友出國也一樣，我們曾經去東京玩 6 天 5 夜，我當時的整理方式是，準備一包洗衣粉就能解決很多的問題，因為日本有很多自助洗衣，6 天的旅行我會安排第一天跟最後一天穿一樣的衣服，且掌握最厚重的衣服要放在旅行的第一天及最後一天穿回來。中間的 4 天，就將 2 個小朋友的衣物以 2 天裝 1 包的形式，裝成 2 包，以密封袋裝好，在袋子上標示清楚是誰的衣服，並以換飯店時作為洗衣基礎，第三天我才會洗衣服，除非發生意料之外的狀況，讓小朋友的衣服弄髒了，我才會當天立刻洗，通常就是安排第三天洗前二天穿的衣服，這樣到第五天要離開的時候衣服一定是乾的。

一卡登機箱的好處就是，不用等待托運行李的過程（時間就是金錢！）再來，也不會因為過大的行李，激起不必要的購物欲，剛剛好就好！

你賺到了多少錢？

我相信「減法生活」的實踐過程不一定總是順利，尤其是身為人妻、人母的我們，除了做好自己的本分，還需要另一半及家人的配合，但請大家不要因此太快放棄，也不需要無謂的給其他人壓力，透過堅持下去，大家都會自然發現這樣生活的便利與效益。

而你或許會產生一個疑問：「這樣跟賺錢有什麼關係？」請你這樣試算：

1. 透過紙箱整理法節省不必要的坪數

如果是買房的話，如果少了 5 坪的需求，一坪如果 30 ～ 50 萬來算，你已經省下了百萬開銷或是房貸！租屋的人，或許就因為這 5 坪，每個月省下 5000 元房租！

2. 整理冰箱避免食材浪費

主婦們最大的開銷就是日用品跟菜錢，計劃好每週開銷，如果一週省下 500 元，一個月就剩下至少 2000 元，一年輕鬆省下 24000 元！

3. 不必要的治裝費

這就取決於每個人每月的治裝費，或許是 5000～10000 不等，一年下來可節去了不小數目！

光這三點，還不計算旅行紀念品跟剩下的時間等等，你一年已經比別人多賺到了至少 6 位數的存款！當有了錢，接下來就會帶你怎樣好好「花錢」！

如何省小錢

花大錢

以一擋百

我記得 20 ～ 30 幾歲的我，常常會花個幾百元、幾千元買一堆「看起來」還不錯的包包和一大堆小飾品，這些東西買來往往用沒幾次就壞，或發現也沒那麼喜歡，連用都沒用過就直接被我冰封起來；若要送人，又有點捨不得，想賣出去也賣不出去。

直到我開始減法生活才發現，與其買一百個小東西，不如好好鎖定一個高單價的東西，努力存錢買下最經典、自己最喜歡的那一個。

我把過去每個月習慣會花的「小錢」省下來，努力存一筆錢買一個精品包，不僅能提升質感，而且精品往往能保值，有些用久了變成復古包還能再賣出一個好價錢，想想這不就是最好的投資嗎？在消費時小錢總是會覺得比較不痛不癢，甚至還會覺得撿到便宜，但其實長期累積下來也是一筆很大的費用。

開始花大錢

| 10000 元的外套比 390 元衣服更便宜？ |

我也曾經是個一看到漂亮衣服就想要買回來的女生，但是隨著穿搭品味慢慢的建立，發現只要掌握幾件好用的單品，就能創造出有質感的穿搭風格。

尤其現在許多衣服都非常平價，很多人都誤以為省下不少荷包。但有沒有發現？就是因為衣服變得便宜，導致我們只會越買越多，心想：反正只有幾百元、反正只穿一季也划算。這種「當下喜歡就買」的衝動購物行為，下場就是你可能也沒有仔細思考、挑選相對比較值得購入的商品，常常是買回家後不知道怎麼跟家裡的衣服做搭配，導致永遠覺得衣櫥裡缺少了一件衣服，或永遠有一堆衣服穿不到，緊緊的被鎖在衣櫥裡。

我覺得，如果你的工作沒有太特別的要求，其實衣服可以選擇價錢稍微貴一點但是較為經典的品牌，質感好而且耐穿。以款

式來說，我喜歡採購素面、沒有大 Logo 的衣服，尤其是素 T 恤以及條紋衣。我大概只有外套會特別挑選顏色比較繽紛或稍微有變化的樣式，主要是配上簡單或是素色的內搭後，可以增加穿搭的變化性。我甚至有些外套穿了至少 10 年以上，到現在衣況依然是很好喔！就算外套單價是一萬元好了，下手時可能會心痛一下，十年來說，一天換算起來只要 2 元；跟一件外套 390 元但只能穿一季相比，一天卻要花上你 4 元，足足差了一倍，你還會覺得 390 元的外套比較便宜嗎？

｜ 3 年只需要 5 件牛仔褲 ｜

下身的首選當然是牛仔系列，因為牛仔褲非常百搭實穿，所以建議可以花多一點錢在牛仔褲上，然後一定要好好試穿，挑選剪裁好也適合自己的版型喔！這樣一條牛仔褲就可以穿很久，我自己下身基本上就是維持 5 件牛仔褲，至少都可以重複搭配跟使用 3 年以上！

有時候某些場合可能會被要求亣能穿牛仔褲，我建議可以準備一件黑色或是白色的一件式洋裝，挑選比較安全不敗款。而這一件洋裝休閒日常時可以穿，在重要聚會時，也能透過配件營造正式感。

basic 01

百 搭 T 恤

如何省小錢花大錢

basic 02

經 典 條 紋

如何省小錢花大錢

basic 03

全素面百搭基本款

如何省小錢花大錢

Part O2

basic 04

牛仔褲 / 丹寧 / 格紋

如何省小錢花大錢

｜耳環也可以是傳家寶！｜

我比較常使用的飾品是耳環，就算我全身穿得很簡單，只要有一副經典的耳環就會讓質感全面提升。像耳環一般來說體積很小，買太多臨時要搭配反而根本就找不到，加上如果挑選價格便宜的耳環，就更不珍惜，弄丟了也不知道。但現在完全不會有這個問題，因為我買的都是我非常喜歡的，而且每一套衣服都可以搭配。像我入鏡率極高的幾副精品耳環，連我的女兒都愛不釋手（雖然她現在還小也沒有耳洞～）但已經預訂好長大要接手它，就算等到幾年過去，這幾副精品耳環還是很百搭，也有可能變成復古老件，價錢更漂亮。這時你還覺得只是一副耳環嗎？耳環掉了也沒關係嗎？它其實可以成為你的傳家寶喔！

｜包包只裝自己的東西｜

對於包包，我有一個堅持就是「只裝自己的東西」。包包越大，就只會想裝更多塞好塞滿，像我通常選擇小包，然後不要帶一堆「不會用到」、「可能會用到」的東西。而很多人會想說那小孩子的東西怎麼辦？我會另外準備一個小鐵盒，裡面就放必備的奶粉、尿布、奶瓶等，先想好外出時間會需要用到多少份量，裝剛剛好就可以，所以就算要帶小朋友出門，我就是揹著一個小包跟手提一個小鐵盒，非常簡單，走在路上也可以很從容很優雅！而且光顧小孩子就已經夠忙了，還要大包小包，帶一堆東西只會讓自己越來越忙！

款式來說我也是先考慮經典款，盡量不要購買流行性的季節款式。但真的忍不住想買流行款式時或是各種因緣際會而得到時，這時精品包包的好處就是，只要包況維持好，拿去轉賣也還是有不錯的價錢。

能揹一輩子的經典包包

| 找到自己的戰靴 |

我會先設定好我會穿到哪幾種類型的鞋子：高跟鞋、球鞋、平底鞋、靴子等，列出來後可以很清楚知道自己要買什麼鞋，不會穿到不買，也不買重複性太高的款式，然後再將每一個類別設定雙數，基本上都是一雙。像是我有小孩後，穿高跟鞋機會變少很多，只有在工作或是特殊情況才會穿到，我就是設定高跟鞋2雙，這2雙就是我的戰靴，也是挑選基本素色款，可以搭配褲裝、裙裝，2雙就可以打天下。像球鞋跟平底鞋因為是幾乎天天穿，我會設定2～4雙交替穿，鞋子輪流穿不但可以避免鞋子發臭，也讓鞋子有足夠的休息時間恢復彈性，會更耐穿。

女人的鞋款，重質不重量！

關於精品

我相信一定也會有很多人問：我只是一個領基本薪資的上班族，該怎麼擁有精品？我建議還是要慢慢存錢犒賞自己，前提是平常別圖便宜買無法保值的小飾品、衣物，把這些小花費都省下來，累積到一定的金額再買進最喜歡的那一個，一邊慢慢累積自己的選物眼光和提升個人品味，不用一開始就一定要最貴的，而是要衡量這個東西是不是真的喜歡、可以用多久、是否保值。

不是要提倡敗家、一直購買奢侈品（當然是要量力而為～）當你擁有第一個精品之後，一定會想再接著有第二個精品，這就是人性啊！但你會因為了解真正的質感後，然後更努力賺錢、存錢讓自己再次擁有它。所以，最後你會因為品味的提升，變得越來越有錢。

減法理財

我的理財觀念也跟我崇尚的減法觀念很像，不需要複雜！而是選擇對你最有幫助的方式就好。

想要理財，就必須建立基本的觀念：「先存下要存的錢，剩下的才是你可以花的錢。」像我是一個藝人，收入不算固定，但我會請公司每個月只要發固定月薪給我，剩下的錢全都存下來。所以我不會去細看我每個月多賺了多少錢，而是只專注在自己能花的那筆錢。你存下來的錢才是賺錢！剩下的錢才能花錢！

減法理財的第二步，就是當你接收五花八門的理財資訊時，你要選擇對的、最適合自己的，而不是盲目每一個都要每一個都嘗試。

開啟了我理財的第一道門是我年輕時買了第一張儲蓄險，當年我沒想太多，只是按照我能力所及乖乖按時繳錢，然後強迫自

己存款。如今我保險期滿，現在每一段時間我都可以拿回一筆可運用的資金，隨著時間累積還可以領回更多。再運用領到的資金，繼續買下一張保險！

再加上當了媽媽後，我覺得「買保險」也可以避免日後老了成為孩子的負擔，所以買保險對我而言是為自己負責的表現，越早開始你會越快獲得財富自由，盡早開始享受人生。

理財永遠都不嫌晚，找到適合你的理財方式，一個月 1000 元、3000 元慢慢存或是選擇定存也可以，對你都會有保障的，最重要還是記得「把錢花在刀口上」。

如何省小錢花大錢

買房只賺不賠

到了一定年紀最常討論就是買房不買房的問題，關於這一點我幾乎可以很肯定的回答：值得買房！當然要在經濟條件許可之下，不能過度揹負房貸。為何值得買房呢？買房對我來說，是不賠本而且保值的，如果你不是投資目的而是自住的話，你不用擔心接下來的房價高低，所以沒有賠本的問題，再來就是不論怎樣你「保有了一間房子」。身邊已經有親朋好友遇到相同的困境，那就是老了之後發現付不出房租、沒地方住，尤其有些人也沒有小孩，生活已經不是有一餐沒一餐，而是整天在苦惱要住哪？房租從哪裡生出來？所以趁早買房，到日後就可以避免這個問題，甚至當作是一個強迫存款的方式，就算到了某一天你急需要現金，房子還可以當作你最後一個後盾。

挑選房子我的看法是「先求有再求好」，的確現在房價對很多人來說是天價，但是如果你已經按照我的整理法，你會很好評估需要的坪數，發現可以鎖定小坪數的房子，坪數小總價自然會低一點，那麼買房就不是那麼遙不可及。再來就是可以依照

如何省小錢花大錢

自己的生活習性挑選適合的地點，如果有交通工具的話，我不會堅持蛋黃區的地段，最主要是自己住得舒服就好，而且非蛋黃區的房子，價錢又會漂亮不少。

所以剛好房價不是在高點時，趁早買房，你不僅幫自己每個月存下了一筆錢，到了日後還賺到了一間房子，更不用擔心晚年生活，是不是只賺不賠！

你想要過怎樣的生活？

請在心中問自己一句話：你想要過怎樣的生活？當你真正了解自己「需要」的是什麼？就不會盲目追求別人眼中的「你應該做什麼」。埋怨自己守不住錢財，卻沒有試著想過自己的理財觀念是不是過度揮霍？失去了自律？總是喜歡把東西填滿，卻忽略了很多東西真的是不需要的！我的極簡生活，不是鼓勵大家過著清貧的日子也不是教大家一直花大錢買精品過所謂的「豪奢生活」，而是藉由保留下真正珍貴的，進而讓心靈更富足。真正做到 Less is more，讓心靈減重。你會發現當心靈有了呼吸的空間，你將能創造更多意想不到的幸福。現在你已經學會了如何透過減法生活收納整理空間、如何透過花費而賺錢，接下來就是開始過你想要的生活！

掌握自己的

人生

成功人生是什麼

我從不整天抱怨人生不順遂，也許很多人看到現在我的生活面貌，會以為我天生就擁有不錯的家庭背景，看起來好像沒有太多煩惱，自然就不愛抱怨啊！

世上不是每個人出生就注定成功，多半都得憑藉著自己的雙手打拚出屬於自己想要的人生。

事實上我的家庭背景一點也不美好，甚至比我演過的戲劇情節都還要誇張。從小為了籌學費，我早晚打工賺錢過生活，在當藝人前我做過許多工作。各種負債不說，最潦倒的時候連機車的加油錢、公車錢我都拿不出來。

記得有一次，我的薪水支票因為行員疏失無法入帳，我身上真的一塊錢都沒有，為了拿到這筆救命錢付房租、卡費、飯錢，我就這樣走了好幾公里的路走到指定的銀行，當下急得我在銀行裡面跳腳崩潰大喊：「我沒有錢了，你們不可以這樣子！」

所以我完全懂被錢壓得喘不過氣是什麼感覺，也因為是這樣我下定決心找出讓生活失衡的原因，更努力賺錢存錢，一切才有了轉變，然後才有了現在許多人羨慕的生活。

我們無法決定出身，但我們絕對可以自己掌握要過的人生。如果我能做到，我相信每個人也有機會有個成功的人生。

看著我這本書的你，如果你還未滿 30 歲，我非常希望你能從小就有理財規劃，其實我的理財觀念都是累積了很多年的工作經驗才慢慢學會的，如果更早有人可以教會我這些，也許我可以更早得到我想要的人生。也因為這樣，我希望能為你的人生帶來一些正面的影響和改變。如果你已經擁有了財富，卻無法體會財富自由，我也希望我的分享能讓你學會怎麼運用你的財富。

減法生活能讓你的生活變得更富足，而這份富足，是不須靠一直賺錢才能累積的，反而是不斷減少不必要的花費，創造出精神與現實層面的富足。

家事

| 時間管理 |

我是一個兩個孩子的媽媽，同時要照顧小孩、照顧家裡又要工作。於是我開始研究為什麼有些媽媽，在帶小孩時依然能把家事處理得很完美，而且還看起來那麼從容不迫？我甚至買書研究主婦的每日工作表，漸漸了解一件事，如果你只是把自己當成一個「媽媽」，把做家事當成一個差事，那麼一定常常會出現：「算了，碗等下一餐吃完再一起洗？」、「衣服累積多一點再一次丟進洗衣機裡吧！」、「地板看起來好像沒有很髒，明天再來拖地就好……」類似這樣的念頭，除了會讓妳累績越來越多的家事以及代辦清單之外，日子久了，生活也會出現對家庭成員們的不滿和抱怨；但如果我們轉換心境，把家當成一間公司，而你就是這個家的 CEO，那你會怎麼開始經營？我想，你應該不會希望這個家一下子就垮掉、賠錢收攤吧？

掌握自己的人生

當我開始轉念，我發現把自己當成這個家的 CEO，心態就能調適成上班模式，且因為我是 CEO，為了要讓我家這間「公司」有效率運作，我必須更專注，系統化的經營，而方法就例如：

1. 前一天晚上我會養成習慣先把隔天的代辦事項寫下來，這樣當天才能有效利用時間執行每件事以及掌握進度。每天、每個時段該做什麼我都有個時間表，我會讓這一切很規律地進行。只要能持續保持完成每天該做的事情，一定會比長期累積的工作量來得更少，做起來也可以非常輕鬆。

2. 每天送完小孩去學校後，吃完早餐就開始我的家事行程，像是「洗衣服」就會優先進行，然後等待洗衣機洗好的時間，繼續做其他家事，這樣衣服洗好的同時也完成了許多事情。每一件衣服我都一定檢查汙漬以及分類，在有汙漬的地方會噴上衣物清潔劑，避免汙漬汙染其他衣服，再放進洗衣袋中，包含：先生的、我的、兒子、女兒的等等，分別做出區隔，並區分大人小孩的衣物洗滌順序，整理的過程差不多花費 15 分鐘，分

類方式大概是這樣：

- 大人以及小朋友的襪子＋大人的衣服一起洗
- 大人的內衣褲＋小朋友的衣服一起洗

這樣分類主要是因為襪子很容易比較髒，而小孩的免疫力遠低於大人，所以比較髒的襪子我會跟大人的衣服一起洗。

3. 接著我會先環視一下居家環境，優先處理最簡單好處理的工作，之後才會開始進行比較花時間的工作。其他像是整理發票、記帳等等的例行工作，一個一個都會被我排進我的工作表中，我會讓這些家務事變得像公事一樣有系統且有時間進度表，這樣才不會做一項漏一項，整天都被時間綁架。

| 分享我的工作時間表 |

6:00 起床、喝杯水、媽媽的上網時間

7:00 開始準備 2 個小朋友要上課的東西
　　（書包、餐具、各種用品等等）

7:30 讓小朋友起床

8:00 帶小朋友出門，車上吃早餐

8:30 到校

9:00 和先生的早餐時間

10:00-12:00 家事時間

12:00-14:00 運動時間

14:00-15:00 午餐時間

15:30 準備小孩的水果、出門接小孩

16:00-22:00 陪小孩玩與睡覺，請家人確認好隔天要訂的早餐

當我們能夠把時間「化整為零」，你會發現一天其實也可以完成許多任務。有些人常抱怨事情做不完，其實是因為自己的拖延心態所致，假如事情一直擱著，當然會影響到後續的進度！為了避免這樣的情況發生，所以我給自己一個嚴格的規劃，盡力保持高度的專注力，時間一到就先把手邊事情收尾，不能無限制地一直延遲進度，你會發現其實一個下午可以搞定超多事情！

父母常常會想盡辦法希望從小培養孩子的責任心或規律的生活習慣，我覺得最根本的作法就是從日常生活做起。我家的兩個小朋友已經相當習慣我們的作息時間表，無形中也養成了孩子規律作息的好習慣，孩子自己會知道幾點該吃飯、該上床睡覺，也省去不少三催四請的時間。

｜ 居家清潔 & 整理好物 ｜

因為我有強迫症，對於物品的整齊度有一定的要求，大部分家事都是我一個人來執行，而我的家人就是負責維持整齊就好。因為我是職業媽媽，時間很有限，所以除了妥善制定工作時間表，盡快把家事完成之外，挑選能創造高效率的清潔好物也很重要，因為它們能幫我節省很多時間！

家事很多，即便我樂於整理也不可能每天都把家裡從頭到尾、每個死角都打掃一遍，這樣太累了也沒有效率，所以我通常會把家區分成幾個打掃區域，例如：流理臺、洗手台，這些有可能滋生黴菌的地方我一定每天刷，其他像是不意弄髒的陽台，我大約一週清掃一遍。

因為不喜歡東西零零散散的，我一直很喜歡收集一些好用的收納好物，尤其有了小孩，上學要帶的東西非常多，所以如何把東西收得整齊好攜帶對我來說非常值得費心，常常意外發現很多驚喜小物，出門可以更加便利。

【高效率清潔小物】

【便當盒】

掌握自己的人生

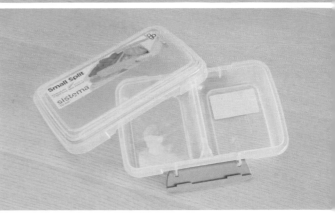

【 收納袋 】

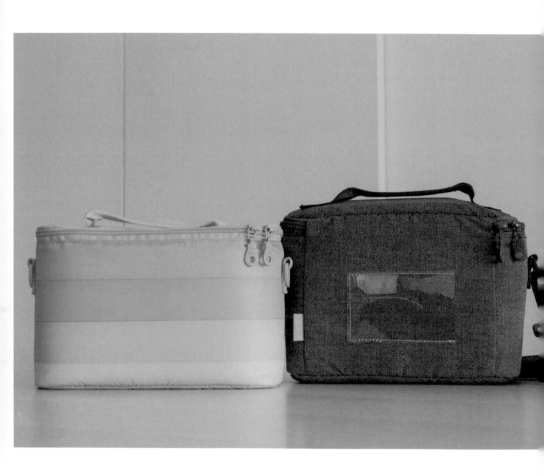

掌握自己的人生

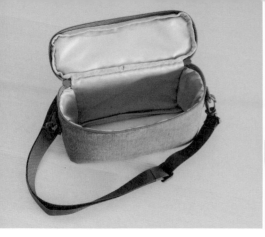

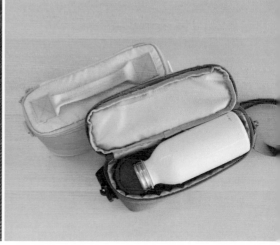

掌握自己的人生

人際關係也需要斷捨離

關於「怎樣交朋友」這件事，我覺得往往要等到一定的年紀之後、受傷過或是人生歷練增加，才能有所頓悟！年輕時很容易覺得朋友多就是好，能無時無刻玩樂的朋友才是真正的朋友，然而真的是嗎？

我們的生活中或多或少都存在一些不太適合長時間經營的朋友，例如：一些永遠都在等待你先付出，不願主動參與你人生的人；一些你老早就很想逃避，想甩卻又甩不開的關係……；甚至還有一種朋友，很喜歡抱怨，每次抱怨的事情都差不多，但當我們聆聽完對方的抱怨並給予對方建議，對方不但不願意改變也沒想去解決那些問題，久而久之可以感受到自己只是對方的垃圾桶、情緒出口，長期接觸下來只會累積更多負能量在自己身上，這樣的關係對彼此都是一種沒必要的消耗，人生無法互相進步，那麼留著反而徒增心境上的困擾，所以請適時的整頓吧！

40 歲過後，對於朋友的選擇，我懂得重質不重量的道理，選擇相處自在開心同時也可以讓人更進步、可以學習的朋友。好的朋友不需要多，真心的幾個就足夠了！而且，有些時候好的朋友也許不需要多做什麼幫忙，但他們的存在就是個榜樣，學習到對方的優點，引領著我們走向正確的道路。

「如果妳不想要跟某個人相處，其實不需要等待對方關門，妳自己也可以先關了那扇門！」這句話是我一個非常重要的朋友說的，總是能在我迷惘時適時給我方向。

只要人際關係簡單，8成的煩惱都能解決。朋友多，並不代表能為你帶來更多實質上的快樂或幫助。只要這段關係無法讓你進步，或一直讓你存在著困惑、煩惱，都代表著你需要好好檢視去留。不適合的關係，強綁在一起只是讓關係變差，並無法帶來任何的幫助。

畢竟人的生命有限，想要活得精采，那麼接觸的朋友就很重要，好的朋友、家人可以讓生活變得更有目標而且充滿正能量，至於一些可有可無的「朋友」，我漸漸懂得要刪去，因為人際關係對我們一生影響太深了，我們許多夢想除了一定要靠自己努力達成之外，身邊那位幫你加油打氣的人也非常重要，有時候朋友的一句話就可能在最後關頭時，影響我們的選擇和處事態度，那麼如果你希望自己能成功跟往對的方向前進時，究竟應該要選擇怎樣的朋友呢？請好好思考一下吧！

在人際關係之中「斷捨離」往往給人一種無情的錯覺，然而隨著年歲增長，我明白適時的「刪除」，可以讓自己保有更清明的思緒、更專注的態度去做更有意義的事，這對雙方的人生都是好的。而要如何「整理」人際關係，其實可以想像你內心有好幾個紙箱，還記得紙箱整理法嗎？先分類，哪些人可以帶來正面能量？哪些人無法成長？或是哪些人永遠只有在玩樂時才會出現？整理好後，一箱一箱丟棄吧！

透過選擇與取捨後，才能把力氣留給真正「值得」的關係，然後更專注用心的去經營。

我的退休生活

｜決定自己的退休時間｜

大家年輕辛苦的工作就是為了老了之後的退休生活，可以無憂無慮。每個人應該多少都會想像退休生活的模樣，但你真的能做到嗎？又或者是說何時該退休？

我其實沒有設定退休年紀，一定要幾歲就退休，每個人可以幫自己計算一下你退休前該準備多少退休金，而像是我其實已經提前達標了，所以**是我自己決定退休時間，而不是讓經濟生活或是健康來決定我的退休生活！**

我理想的退休規劃其實就是簡單三點：

- 我不想老了造成小孩的負擔，所以我一定會存夠我退休時每天開銷的費用
- 當然，也別讓小孩變成你老了之後的負擔
- 不用擔心退休後下一餐在哪？要住哪？

每個人對於退休要存的金額要求金額不同，有人覺得存一千萬就足夠，有人希望三千到上億（我常常在想為什麼要這麼多）。而減法生活一個關鍵，就是審視自己不必要的欲望，量入為出！所以回到了認識自己、了解自己的需求後，丟棄不必要的囤積症與購物欲，那麼你還需要多少錢過一天呢？還需要那麼多退休金嗎？

我的退休規劃就是那麼簡單三點，每一天可以漂漂亮亮出門喝一杯下午茶，無憂無慮跟朋友聊天，然後回到自己的家，這樣就足夠。然後享受著做家事以及陪著小孩長大的成就感。

當你存夠了自己的退休金後，也不要到老了還要整天煩惱小孩的開銷，所以我在小朋友小時候就會安排好各自的儲蓄險或是基金等，這一筆錢足夠支付從小到大的學費或是用作創業基金等。

在教小孩這一塊，我一樣維持著減法生活的家庭教育，從小讓他們養成時間管理的習慣，沒有過度的物欲。也不會逼著他們一定要多好的成績或是日後一定要賺取多高的薪水，「從小就

要做大事」這個觀念對我來說是不必要的，孩子開心的成長，做自己有興趣的事情，培養出自己的專業是最重要的！也因為這樣，我幫小朋友安排的資金，到時候可以讓他選擇要完成學業，或是讓他們自己運用。這樣你自己的心態調整好，小孩子也有了正確的生活習慣，退休的路可以更安心、更沒有負擔！

或許你會想說：那是一個職業媽媽才可以做到的事情，我是一個全職家庭主婦，那我該如何退休呢？別忘了，你透過了平時的收納、整理、減法生活，無形之中早已可以存下一筆為數不小的「菜錢」，即是沒有工作，也可以運用這一筆錢投資理財又或是當作存款，這就是你的主動式收入。

｜我的六月生活｜

這本書不只是想跟大家說怎麼居家收納、怎麼做家事就沒了，最重要的是你要怎樣過生活？

或許很多人都很羨慕我，覺得收入很好、過著如意的生活，但這些都是要靠自己經營的，要學著做自己的「貴婦」！我就是因為我的減法生活，造就了我極簡生活，我省去了很多不必要的煩惱，能照顧好自己、沒有負債，這不就是人生最大的財富嗎？

減法生活是一個聽起來很簡單卻是很難執行的事，絕非一覺醒來就可以徹底執行，從減少家裡物品開始，然後管理金錢、管理時間、管理人際關係，最後活出你自己想要的人生。

掌握自己的人生

而我現在的人生，就是做完家事後，出門喝杯咖啡，然後打扮成自己喜歡的樣子，到學校接小孩，最後，聽到小孩很開心在遠方大喊著：「這是我媽媽，媽媽你今天好漂亮～」

這就是我的減法生活帶來的最極簡的快樂。

掌握自己的人生

讓生活只留下最喜歡的

六月的減法生活，加分人生

作　　　　者	六月（蔡君茹）	
主　　　編	蔡月薰	
企　　　劃	王綾翊	
美 術 設 計	犬良品牌設計	

特別感謝

CIPU
Hi, its only journey!

第五編輯部總監　梁芳春
董　事　長　趙政岷
出　版　者　時報文化出版企業股份有限公司
　　　　　　108019 台北市和平西路三段240號7樓
發 行 專 線　02-2306-6842
讀 者 服 務 專 線　0800-231-705、02-2304-7103
讀 者 服 務 傳 真　02-2304-6858
郵　　　撥　1934-4724時報文化出版公司
信　　　箱　10899台北華江橋郵局第99信箱
時 報 悅 讀 網　www.readingtimes.com.tw
電 子 郵 件 信 箱　books@readingtimes.com.tw
法 律 顧 問　理律法律事務所 陳長文律師、李念祖律師
印　　　刷　和楹印刷股份有限公司
初 版 一 刷　2020年12月25日
初 版 三 刷　2021年9月16日
定　　　價　新台幣380元

讓生活只留下最喜歡的：六月的減法，加分人生 / 六月
（蔡君茹）作. -- 初版. -- 臺北市：時報文化, 2019.12
　面；　公分
ISBN 978-957-13-8026-1(平裝)

1.簡化生活 2.生活指導

192.5　　　　　　　　　　　108018980

時報文化出版公司成立於 1975 年，並於 1999 年股票上櫃公
開發行，於 2008 年脫離中時集團非屬旺中，以「尊重智慧與
創意的文化事業」為信念。